*Extrait de la Revue de Bretagne*
1911

# L'EXPÉDITION
# d'Édouard Wydeville en Bretagne
## (1488)

### ÉTUDE HISTORIQUE ET LITTÉRAIRE
#### PRÉCÉDÉE D'UNE LETTRE PRÉFACE
## DE M. AUGUSTIN FILON ET SUIVIE DU TEXTE ANGLAIS
### DU POÈME DE M. PERCY G. STONE INTITULÉ : SAINT-ALBIN

PAR LE

# Mᵢˢ DE BEAUCHESNE

*Licencié ès-lettres, Vice-Président de la Société Hist. et Arch. du Maine.*

## VANNES
### IMPRIMERIE LAFOLYE FRÈRES

1911

# GODWIN HOUSE
*Saint Augustine's Avenue*

SOUTH CROYDON

*11 Novembre 191.*

## MON CHER CONFRÈRE,

*Je vais relire, en français, avec le plus grand plaisir, l'intéressant récit que j'ai lu, l'an dernier, en anglais, dans le Journal de l'Ile de Wight. Vous n'aviez pas tort, assurément, quand vous en donniez la primeur aux habitants de la charmante petite île que nous aimons tous deux, et à cause de tous les souvenirs historiques dont elle est dépositaire, et à cause des heures délicieuses que nous y avons passées. D'ailleurs, c'est de là que partit un jour cet ambitieux et aventureux Wydeville dont vous nous avez raconté la tragique destinée, et ce sont les enfants de l'île de Wight qui ont arrosé de leur sang le champ de bataille de Saint-Aubin du Cormier. Mais nous avions quelque droit, nous, les Français, à connaître ce curieux et émouvant épisode de notre histoire nationale qui a rattaché à l'unité française une de nos plus chères provinces, une de celles qui ont le plus et le mieux contribué à notre grandeur politique et intellectuelle. En même temps que vous nous révéliez certaines circonstances inédites de ce grand fait, vous nous avez familiarisé avec l'œuvre originale de M. Percy Stone, l'érudit poète, avec cette gracieuse et touchante petite épopée qu'anime un souffle de Tennyson; comme si le solitaire de Freshwater avait laissé derrière lui sur ce sol privilégié quelque chose de son inspiration.*

*Vous l'avez justement loué, tout en complétant son récit à l'aide de documents contemporains et, notamment, de certaines lettres qui éclairent la physionomie de deux souverains. Et qui était mieux qualifié pour nous faire lire cette correspondance que le châtelain de La Roche Talbot, puisque c'est là qu'a été écrite l'une de ces curieuses lettres ?*

*Je n'avais pu faire connaître, dans les Débats, que quelques traits de votre récit : je me réjouis de le voir maintenant dans tous ses détails devant le public.*

*Agréez, mon cher confrère, l'expression de mes sentiments de haute et cordiale estime.*

AUGUSTIN FILON.

# EXPÉDITION D'EDOUARD WYDEVILLE

## EN BRETAGNE (1488) [1]

Bien que l'île de Wight n'ait jamais appartenu à la France, son histoire particulière a de nombreux points de contact avec notre histoire nationale. Parmi ces points de contact, il convient de citer tout d'abord les divers débarquements faits par nos compatriotes dans l'île dont il s'agit soit pendant la guerre de Cent Ans, soit au XVI⁰ siècle, sous l'amiral d'Annebault.

Racontées avec plus ou moins de détails par les historiens des deux nations, ces expéditions ont laissé — faut-il s'en étonner ? — un souvenir plutôt pénible de l'autre côté de la Manche ; mais, de l'aveu même des Anglais, la plus grande catastrophe militaire que l'île de Wight ait éprouvée au cours des guerres séculaires entre la France et l'Angleterre a eu pour cause non pas une invasion française dans cette île, mais au contraire un débarquement fait par les habitants de celle-ci sur le sol breton. Nous voulons parler de l'expédition organisée en 1488 par le capitaine de Wight, Edward Wydeville, pour porter aide au duc de Bretagne contre le roi de France Charles VIII ; expédition dont le plus clair résultat fut, on le sait, l'anéantissement complet, à la journée de Saint-Aubin-du-Cormier, de la troupe amenée en Bretagne par l'imprudent sire de Scales. Cette histoire, que les Anglais regardent à bon droit comme lamentable, vaut la peine d'être racontée aux lecteurs français, et le moment nous

(1) Cette étude avait été déjà composée par nous à la fin de 1908 après la publication de la ballade de M. Percy Goddard Stone, sur Saint-Aubin-du-Cormier dans le numéro du 11 juillet de cette année-là du « Isle of Wight county Press ». Nous l'avions fait depuis traduire en anglais, ce qui nous avait permis de la faire publier, avec quelques modifications indispensables au début et à la fin, dans le même journal où elle a paru en 1910 (27 août et 3 septembre). C'est donc notre texte primitif que nous donnons ici aux lecteurs de la *Revue de Bretagne*.

en a semblé d'autant plus opportun qu'elle a récemment suggéré à un éminent archéologue de l'île de Wight, qui est aussi à ses heures un poète inspiré, M. Percy G. Stone (1), un petit poème véritablement remarquable par le fond comme par la forme publié au mois de juillet 1908 dans le principal journal de l'île « *The isle of Wight County Press* ».

Avant d'aborder le récit proprement dit de l'expédition, il n'est assurément pas inutile d'esquisser en quelques mots le portrait de celui qui en fut l'instigateur et le chef, et aussi de donner un rapide aperçu des circonstances politiques au milieu desquelles cette expédition devait avoir lieu.

Edouard Wydeville était le plus jeune frère de cette Elisabeth Wydeville dont l'extrême beauté et les rares perfections, alors qu'elle était veuve de sir John Grey, son premier mari, avaient tellement séduit le roi Edouard IV, que, malgré toutes les représentations de son conseil, il n'avait pas hésité à en faire sa femme. L'élévation d'Elisabeth n'avait pas tardé à amener celle de sa famille. Son père, le vieux Richard Wydeville, avait été presqu'aussitôt créé comte Rivers, trésorier d'Angleterre et grand connétable. Son frère aîné Antoine, marié avec la fille de feu lord Scales, dont il avait obtenu ainsi les possessions et les titres, s'était vu en outre accorder en 1467 par son royal beau-frère la jouissance en même temps que le gouvernement de l'île de Wight ; un autre des frères de la Reine, John Wydeville, avait épousé l'opulente duchesse douairière de Norfolk ; ses cinq sœurs avaient toutes contracté des mariages non moins brillants : leurs maris étaient le duc de Buckingham, les comtes d'Essex, d'Arundel, de Kent, et lord Herbert. Après la mort d'Edouard IV il est vrai, et sous le règne heureusement très court de l'usurpateur Richard III, l'astre des Wydeville avait eu un moment d'éclipse ; la veuve du roi défunt avait eu à subir dans sa personne comme dans sa famille les persécutions du nouveau roi, cet oncle dénaturé des infortunés enfants d'Edouard. Tandis qu'elle même, réfugiée dans le sanctuaire de Westminster, après s'être vu arracher le plus jeune de ses fils, avait été dépouillée de ses dignités et de ses biens, son fils du premier ma-

(1) M. Percy Goddard, membre de l'Institut royal des architectes anglais, secrétaire particulier de la Société des antiquaires de Londres pour le Hampshire et l'île de Wight, auteur du remarquable ouvrage « The architectural antiquités of the isle of Wight ».

riage, lord Grey, et son frère lord Rivers, ce personnage si accompli, paraît-il, sous tous les rapports, avaient été arrêtés, enfermés au château de Pontefract, et peu après mis à mort. Ainsi abaissée en 1483, la fortune des Wydeville s'était cependant relevée, au bout de deux ans, avec l'avènement de Henri VII ; un des premiers actes de ce prince qui, après avoir détrôné Richard II, ne devait pas tarder à épouser Elisabeth d'York, la fille d'Edouard IV, avait été de rendre à la veuve de ce dernier son rang et ses biens. C'est alors qu'Edouard Wydeville, le plus jeune, nous l'avons dit, des frères de la Reine douairière, lequel se qualifiait comte Rivers et lord Scalles, fut nommé par Henri VII gouverneur, ou plus exactement capitaine de l'île de Wight. Dans les années suivantes, le roi, devenu l'époux d'Elisabeth d'York, étant venu visiter cette île, l'oncle de la Reine eut la joie et l'honneur de recevoir au château de Carisbrocke son royal neveu. Edouard Wydeville avait fait du reste de ce château sa principale résidence. Son frère Antoine, pendant les dernières années de sa vie, avait fait commencer la construction de la belle porte d'entrée, avec ses tours rondes à mâchicoulis, qui donne encore accès de nos jours dans l'intérieur de la forteresse ; le nouveau capitaine de Wight se fit un devoir d'achever cette construction, justement admirée aujourd'hui, et, pour bien montrer aux générations futures que c'était lui qui y avait mis la dernière main, il fit apposer au-dessus de la porte, ainsi que chacun peut le voir, un écusson où sont représentées les roses d'York et de Lancastre.

Comme la plupart des gentilshommes de son temps et de son pays, Edouard Wydeville était, il convient de l'ajouter, brave jusqu'à la témérité, et son rêve était de s'illustrer aux yeux de Henri VII et de ses compatriotes par quelque beau fait d'armes contre les ennemis de son pays.

Tel était, et par la situation de sa famille et par lui-même, le personnage qui allait organiser l'expédition de 1488. Nous devons maintenant exposer les circonstances qui l'amenèrent à en concevoir le projet.

A l'époque dont il s'agit, les relations de la France et de l'Angleterre étaient pacifiques, en apparence du moins ; mais il n'en était pas de même entre la première de ces deux puissances et la Bretagne. Le jeune roi Charles VIII, qui ne cherchait que l'occasion d'envahir le duché armoricain pour le réunir à son royaume, avait cru trouver enfin l'occasion désirée lorsqu'en 1487 le duc Louis d'Orléans, en état de rébellion contre lui, sollicita et obtint la protection du duc de Bretagne François II. Il avait déclaré la guerre à ce dernier ; déjà il avait pris Ploërmel et Vannes ; bien plus il avait mis le siège devant Nantes ; siège qu'il devait, il est vrai, bientôt abandonner. Or la Bretagne, dont Charles VIII menaçait ainsi l'indépendance, avait été de tout temps la fidèle alliée de l'Angleterre, et les Anglais ne voyaient pas d'un bon œil que la France cherchât à la subjuguer ; François II du reste n'avait pas tardé à envoyer une ambassade à Henri VII afin de réclamer son intervention. Qu'allait faire en cette circonstance le roi d'Angleterre ? Assurément il ne laissait pas que d'être très embarrassé. Outre les sentiments manifestes de son peuple, qui le poussaient à la guerre avec la France, il ne pouvait oublier l'hospitalité trouvée par lui à la cour de Bretagne, lorsqu'il n'était encore qu'un prétendant exilé. D'un autre côté, s'il devait de la reconnaissance à François II, il n'en devait pas moins à Charles VIII, qui l'avait laissé lever en Normandie une partie des troupes grâce auxquelles il avait remporté la victoire à la journée de Bosworth. En outre, très peu belliqueux par tempérament, il désirait avant tout éviter un conflit avec la France. Aussi prit-il en somme le parti de rester neutre entre les deux nations belligérantes, d'autant plus que ce rôle lui était facilité par le roi de France qui avait eu l'habileté de lui demander son arbitrage.

Voilà dans quelle situation la France et l'Angleterre se trouvaient respectivement quand Edouard Wydeville se décida à entrer en scène. Ici nous ne saurions mieux faire que de citer François Bacon dans son histoire d'Henri VII. « Sur ces entrefaites », dit cet historien, « lord Woodvile, oncle de la Reine, vaillant gentilhomme et avide de gloire, chercha à obtenir du Roi l'autorisation de lever une petite troupe de volontaires, secrètement toutefois et sans qu'il fut besoin de sa permission orale ou écrite (de façon qu'il ne parût aucunement compromis dans l'affaire), pour aller au secours du duc de Bretagne. Henri VII refusa d'accéder à sa requête, ou du moins en fit semblant, et même il lui fit défense expresse de mettre son projet à exécution, car il pensait que son honneur de roi subirait une grave atteinte, si l'on pouvait dire qu'étant ostensiblement en paix avec la France, il n'en n'avait pas moins favorisé secrètement une expédition dirigée contre elle. Néanmoins Woodville, soit qu'il fut incapable de se tenir au repos, soit qu'il crût de bonne foi que le Roi, tout en ne pouvant l'avouer ouvertement, ne le désapprouverait pas au fond, se rendit en droite ligne dans l'île de Wight, dont il avait le gouvernement, et leva une belle troupe de quatre cents hommes... »

De quels éléments cette troupe se composait-elle ? François Bacon ne nous le dit pas. Aussi est-ce le cas de nous rapporter aux détails donnés à ce sujet par le Rév. Edouard Boucher James dans la remarquable étude publiée par là lui en juin 1888 dans « the isle of Wight county Press » sur l'expédition dont il s'agit. Si nous en croyons cet érudit, Edouard Wydeville, aussitôt arrivé dans l'île, se serait empressé de convoquer tous les habitants à une assemblée générale, et il aurait profité de l'occasion pour persuader aux gentilshommes de mesurer leurs épées avec celles des Français. Puis, sur le nombre des volontaires accourus se ranger sous son étendard, lequel, comme il est à présumer, flottait sur le château de de Carisbrooke, il aurait choisi quarante gentilshommes et quatre cents hommes des plus robustes parmi les gens du Commun. Il aurait enfin armé ces derniers de piques, d'arcs et de flèches, et les aurait habillés de vestes blanches sur lesquelles était attachée la croix rouge des Lancastre.

Et, à propos de l'habillement de cette troupe, le Rév. Boucher James nous donne une explication assez curieuse : « Cela a été longtemps, dit-il, une coutume pour les grands seigneurs de donner des livrées et des croix aux gentilshommes et aux fermiers de leur voisinage. C'était une sorte de lien entre ces grands seigneurs et ceux à qui, dans les occasions solennelles, ils donnaient ainsi leur livrée ; cela les marquait comme leurs vassaux, leur constituait un droit à leur protection et les obligeait par contre à combattre à leurs côtés dans les querelles publiques ou privées. Cette coutume pour les grands seigneurs de donner des livrées à tous ceux qui à un titre quelconque faisaient partie de leur entourage avait, sans doute, été limitée par des ordonnances royales dès le règne de Richard II, elle avait même été entièrement prohibée sous Edouard IV ; elle n'était plus alors légalement autorisée que dans certaines cérémonies publiques, et à titre purement exceptionnel, par exemple dans les couronnements, installations de prélats, etc. Mais dans la pratique personne ne songeait à tenir compte d'une défense que l'on regardait en fait comme abolie. Aussi lisons-nous qu'à la bataille de Bosworth trois mille vestes rouges avaient été distribuées par William Stanley à ses troupes, ces fameuses vestes rouges célébrées dans la ballade de « lady Besdiye ».

C'est ainsi qu'au printemps de 1488, malgré la défense formelle de Henri VII, et bien que ce prince eût depuis fait publier dans tous les ports de son royaume une ordonnance défendant à tout Anglais, sous peine de la hart, de partir sans sa permission, c'est ainsi que Wydeville procédait dans l'île de Wight, aussi secrètement que possible, à l'équipement d'une troupe de volontaires destinée à porter secours au duc de Bretagne. Il ne tarda pas du reste à être encouragé dans son entreprise par les ambassadeurs que, dans les premiers jours de mai, François II avait envoyés en Angleterre pour obtenir que Henri VII finît par se déclarer en sa faveur. Ces ambassadeurs étaient le sire de Maupertuis et Guillaume Guillemot. Leur mission, à vrai dire, n'avait guère eu de succès : le roi d'Angleterre avait fait la sourde oreille, et c'est même à cette occasion qu'il venait de faire publier l'ordonnance à laquelle nous avons fait plus haut allusion. Le sire de Maupertuis et son compagnon se décidèrent donc, sans plus insister, à reprendre le chemin de leur pays, mais ils s'arrêtèrent en passant dans l'île de Wight, et, s'abouchant avec Wydeville, ils le pressèrent de mettre son projet à exécution. Ils lui apportaient d'ailleurs des subsides en argent de la part de leur maître, et lui rappelaient qu'une petite escadre, préparée par le duc à l'effet de l'amener en Bretagne avec ses volontaires, n'attendait qu'un signal pour venir se mettre à sa disposition. Ils n'eurent vraisemblablement pas de peine à décider l'aventureux capitaine dont les soldats étaient déjà entièrement équipés. On prit jour pour l'embarquement qu'on fixa, croyonsnous, aux environs du 20 mai, et qui devait avoir lieu au port de Sainte-Hélène, alors le principal port de l'île.

A défaut de documents précis sur le départ de Wydeville et de ses compagnons de l'île de Wight, nous essayerons du moins de satisfaire l'imagination de nos lecteurs en reproduisant ici la première partie du beau poème sur la bataille de

(1) Tous ces détails sont empruntés partie à la lettre de Henri VII à Charles VIII que nous reproduisons plus loin, partie à l'excellente histoire, si documentée, de la réunion de la Bretagne à la France, par Antoine Dupuy.

Saint-Aubin-du-Cormier qui a donné occasion à cette étude.
Grâce aux vers vraiment inspirés de M. Percy Stone, on pourra
se représenter successivement la vaillante phalange commen-
çant par se concentrer dans le château de Carisbrooke, où elle
est haranguée par son chef, puis se rendant en ordre de marche
par Newport et Brading à Sainte-Hélène, enfin s'embarquant
dans ce port à destination de la Bretagne. Ecoutons plutôt :

> Quel est le cavalier qui s'avance en ce moment sur le grand chemin,
>> La lance en arrêt et la plume au vent,
> Accompagné d'une nombreuse suite d'écuyers et de chevaliers ?
> Il porte un nom — le nom de Wydeville
> Illustre dans les fastes de la chevalerie ;
>> C'est notre capitaine de Wight.
>
> Il a pris le sentier qui monte en serpentant au château ;
>> Il a franchi le fossé qui entoure la forteresse ;
> Il a passé sous la tour aux pierres d'un gris sombre,
> Emblème de la force et de la puissance féodales,
>> Sur laquelle flottent ses couleurs.
>
> Il a averti tous ceux qui ont le culte de sa maison
>> Qu'ils aient à s'enrôler à son appel ;
> On les voit tous accourir, chevaliers ou robustes fermiers,
> Tous également habitués à porter le lourd harnais de guerre,
>> Cœurs vaillants et loyaux.
> Il a ôté son casque ; tête nue il a enfourché.
>> Son vigoureux destrier de bataille ;
> Il serait difficile d'imaginer un plus galant chevalier,
> Un capitaine plus hardi à poursuivre une entreprise,
>> Un chef mieux fait pour commander.

Ainsi débute le poème sur la bataille de Saint-Aubin, début,
comme on le voit, d'une belle allure, et où la couleur locale ne
manque pas. C'est bien là cet Edouard Wydeville, si téméraire,
mais à qui l'on ne saurait refuser le mérite de la bravoure ;
c'est bien cet imposant château de Carisbrooke, si pittoresque-
ment assis sur sa hauteur abrupte avec sa belle porte d'entrée
du XVe siècle, sa vaste enceinte de fossés et de murailles, et son
donjon élevé qui domine la contrée environnante (1).

(1) Pendant les séjours répétés que nous avons faits à l'île de Wight, nous avons
eu plus d'une fois l'occasion d'admirer le site incomparable de cette antique forteresse qui est bien le monument féodal le plus intéressant de toute l'île de

Voici maintenant l'appel fait par le capitaine de l'île de Wight aux volontaires qui ont consenti à le suivre dans son expédition ; ces strophes, où respire un noble enthousiasme, sont, il faut en convenir, des plus entraînantes :

### L'APPEL

« Accourez, hommes de Wight, à l'appel de votre capitaine,
       Et unissez-vous pour être plus forts.
J'ai entrepris de soutenir la cause d'une femme,
Et je gagnerai par là, avec la gloire, le beau nom de chevalier,
       Debout, debout, hommes de Wight. »

. . . . . . . . . . . . . . . . . . . . . . . . . . .

Ici, dans l'intérêt même du poète que nous citons, nous croyons devoir sauter quelques strophes où la fiction poétique en a pris par trop à son aise avec la vérité historique. Ce n'est pas que nous soyons, nous Français, un admirateur passionné du sombre tyran de Plessis-les-Tours ; mais l'auteur du poème a eu tort d'oublier que Louis XI était mort depuis cinq ans déjà à l'époque dont il s'agit, et qu'en bonne conscience il ne pouvait être rendu responsable de la guerre de Bretagne.

Toutefois, cette part faite à la critique, les strophes suivantes sont incontestablement très à leur place dans la bouche de celui qui avait à les prononcer :

« Rappelez-vous les glorieux exploits
       Que vos aïeux dans les jours d'antan
Ont accompli loin des rivages de cette île,
A Crécy, à Poitiers, à Azincourt,
       Pour soutenir l'honneur de notre pays.
Allons, endossez votre harnais de guerre,
       O robustes enfants de Wight
Que la gloire va accompagner au-delà des mers ;
Embarquez-vous avec moi pour la Bretagne
       Et venez combattre pour le droit.

Wight. Aussi M. Percy Stone a-t-il été bien inspiré en faisant du château de Carisbrooke en août 1907 le théâtre d'un merveilleux *pageant* organisé par lui et où il avait fait représenter les principaux épisodes de l'histoire de son île. Nous avons eu le plaisir d'assister nous-même à cette magnifique *représentation* qui nous a laissé une impression inoubliable.

Qu'il marche devant nous le drapeau de l'Angleterre avec sa croix,
  La rouge croix de saint Georges ;
Qu'il marche à côté de la Rose bien aimée,
Symbole d'ennemis réconciliés
  Qui n'emploient que l'amitié mutuelle comme charme.

Ne pensez plus aux mauvais jours passés.
  Que les anciennes querélles soient éteintes !
Les deux roses fleurissent de nouveau,
Puisque York et Lancastre sont à présent sur le trône.
  Venez, suivez à la fois la rose blánche et la rose rouge.

Wydeville n'a jamais tourné le dos
  A l'ennemi dans la bataille meurtrière ;
Le bras de Wydeville ne s'est jamais détourné
Au milieu du cliquetis de l'acier et de l'emportement de la bataille
  Là où les épées et les haches font leur œuvre.

Ne perdez pas de vue ma bannière aux couleurs éclatantes
  Qui brille là-bas sur la hauteur ;
On y voit tout ensemble la couleur de gueule, synonyme de courage
(C'est là un beau blazon et de bon augure)
  Et la couleur d'argent qui signifie l'honneur.
Voulez-vous à présent marcher sous mes couleurs
Et contribuer, ô mes vaillants insulaires,
  Au succès de cette expédition ?
Votre capitaine n'a plus rien à ajouter ;
C'est une femme qu'il s'agit de secourir ;
  Votre réponse, ô hommes de Wight ? »

Cette réponse ne se fait pas attendre :
« La cause de Wydeville est la nôtre »
  Répondent Lisle et le brave Roucley ;
« Advienne que pourra, nous le suivrons ;
Nous châtierons un roi perfide et orgueilleux,
  Et nous secourrons la gracieuse princesse. »

Le robuste fermier Knight se lève à son tour et s'écrie :
  « Nous donnons tous notre consentement,
Et, que ce soit pour notre bonheur ou pour notre malheur,
Nous accompagnerons notre capitaine partout où bon lui semble,
  Car nous sommes les enfants de Wight ! »


Enfin, pleinement satisfait de l'accueil fait par les volontaires
à sa proposition, Wydeville les remercie chaleureusement en
ces termes :

« Bien dit, bien dit, ô braves cœurs ;
    Ma reconnaissance vous est acquise à tous ;
Merci à toi, Roucley, merci à vous Lisle et Knight,
Je savais bien que les hommes de Wight
    Entendraient l'appel de leur capitaine ».


Après toute cette mise en scène très bien réussie dont le château de Carisbrooke est le théâtre supposé, M. Percy Stone nous fait assister à la marche de la petite troupe pour se rendre à Sainte-Hélène :


« Ils ont quitté la ville (Newport) par la porte de l'Est ;
    Ils ont franchi le pont (de la Medina) ;
Ils se sont essoufflés à gravir la colline de Staplers-Heath ;
C'est à peine s'ils se sont arrêtés pour reprendre haleine,
    Et les voilà parvenus au plus haut sommet.

Urry de Standen conduit l'avant garde ;
    Après lui Brenshet à l'aspect farouche,
Roucley et Hacket qui ne se quittent pas,
Mewys, Lisle et Popham s'avancent à cheval :
    Ce sont tous des gentilshommes de l'île.

Mais quel est celui qui chevauche si gaiement tout en fredonnant
    Une légère chanson ?
C'est Diccon Cheke de Mottiston ;
Il a revêtu l'armure paternelle
    Pour se joindre à l'expédition.

« Accordez-moi une faveur, mon bon capitaine ;
    Je voudrais bien vous accompagner jusqu'au bout ;
Je voudrais me battre pour la princesse Anne,
Et aider à châtier l'homme odieux
    Qui règne de l'autre côté de la Manche ! »

— « Un adolescent imberbe comme toi ferait mieux de rester chez lu
    A l'abri de la guerre et de ses dangers »,
Réplique en riant Wydeville ; « pourtant si tu veux voir
La pays de France, libre à toi de chevaucher à mes côtés,
    Et de me servir comme page à la guerre ! »

Ils ont laissé les moines d'Arreton en train de chanter leurs tierces ;
    Ils ont descendu le revers de la colline de Knigton ;
Ils ont recueilli en passant le contingent des hommes de Nunwell,
Trente hommes munis d'arcs ou de hallebardes ;
    Ils ont enfin traversé le village de Brading.

Comme on a pu en juger, le poète anglais a supposé que Wydeville et ses compagnons avaient suivi, pour se rendre à Sainte-
Hélène, la route si pittoresque qui de nos jours suit d'une façon
presque continuelle les sommets de la chaîne centrale des col-
lines de Wight. Nous ne le chicanerons pas sur cette fantaisie
poétique dont il a tiré un très bon parti. Sa marche militaire est
d'ailleurs on ne peut mieux enlevée. Enfin il a eu une idée cer-
ta nement fort ingénieuse en nous présentant dès ce moment,
sous le nom de Diccon Cheke de Mottiston, le jeune garçon qui,
d'après la tradition, devait être le seul survivant de toute l'expédition et dans la bouche duquel, comme nous le verrons, il en
mettra plus tard le récit.

Il nous reste maintenant à dépeindre, toujours d'après notre
auteur, l'embarquement des volontaires anglais au port de
Sainte-Hélène, dans les galères envoyées par le duc de Bretagne :

A l'ombre de la tour de Sainte-Hélène,
    Quatre grandes carraques sont à l'ancre.
Leurs girouettes, indicatrices du vent, aux ciselures dorées,
Étincellent au soleil, et leurs brillantes banderolles
    Flottent sur les dunettes et les mâtures.

A l'ombre de la tour de Sainte-Hélène
    Quatre grandes carraques sont à l'ancre.
Elles vont transporter nos soldats
    Par dessus la mer vers les côtes de Bretagne.

Le rendez-vous eut lieu sur le quai des matelots ;
    On n'y voyait partout que des arcs, des hallebardes et des lances ;
C'était, ma foi, une très belle troupe ; il fallait voir ces hommes
Vêtus de la veste de cuir et tenant les arcs d'if
    Si connus — et si redoutés — en France.

En plis ondulants de tous côtés
    Les divers étendards de l'île flottaient,
Rouge pour Urry, blanc pour Popham,
Bleu pour Oglander ; c'était un beau spectacle
    Sous ce ciel radieux.

C'est ainsi qu'ils s'embarquèrent près de cette église fouettée par l'écume
                                               [de la mer]
    Où des moines veillaient et priaient ;
Les cordages grinçaient, les trompettes retentissaient,
Et par moments un cheval hennissait
    En respirant l'air chargé de sel.

> Les matelots repoussèrent au loin les amarres,
>     Et relevèrent les ancres sur les vaisseaux,
>   Les voiles se gonflèrent sous une brise favorable ;
>   Les navires s'élancèrent sur la crête des vagues,
>     Laissant un sillage d'écume derrière eux.
>
>   L'espace va s'élargissant entre les poupes sculptées
>       Et le rebord du quai aux moulures de pierre faisant saillie ;
>   Elles contournèrent l'extrémité du promontoire de Bembridge
>   Et, prenant le large en s'éloignant de la pointe du Culver,
>       Elles s'avancèrent dans la pleine mer.
>
>   Ce fut ainsi que nos insulaires quittèrent leur île
>     Pour ne plus jamais, hélas ! y revenir.
>   Ils étaient pourtant quarante chevaliers ou écuyers.
>   Gentilshommes nobles et vaillants,
>     Et quatre cents fermiers !

Cette partie du poème est sans contredit une des plus belles ; impossible de rendre avec un charme plus poétique d'abord l'aspect du port où s'embarquent les volontaires de Wydeville au pied de la tour de Sainte-Hélène par cette belle matinée de printemps ; puis la mise à la voile des quatre vaisseaux remplis des volontaires et allant gagner le large en vue de la blanche falaise du Culver ! Et quelle touchante mélancolie dans la dernière strophe !

Henri VII fut bientôt mis au courant de ce qui s'était passé dans l'île de Wight ; il sut que, malgré sa défense expresse, Edouard Wydeville, cédant aux supplications des ambassadeurs bretons, avait levé une troupe d'insulaires et s'était embarqué avec eux pour la Bretagne. Cette nouvelle le mit évidemment dans un cruel embarras : qu'allait penser de lui le roi de France ? Déjà quelque temps auparavant, sur le bruit qui courait de l'expédition projetée, et probablement après le refus opposé par lui à la proposition de lord Scales, il avait fait porter à Charles VIII par un de ses chevaucheurs d'écurie, nommé Michelet, une missive pour l'assurer qu'aucun de ses sujets n'était parti pour la Bretagne (1) ; n'avait-il pas d'ailleurs, pour mieux prouver sa bonne foi, fait défendre « sur peine de la vie que nul n'y allast (2) ? » Mais cette fois la vérité allait éclater au grand jour,

(1) Voir plus loin la lettre du 27 mai à Charles VIII.
(2) Ibidem.

et il ne pouvait plus la nier. Il fit donc la seule chose qui lui restait à faire, c'était de désavouer solennellement le capitaine de l'île de Wight. A cette intention, il envoya en France, non plus un simple chevaucheur d'écurie, mais son roy d'armes, Jarretière. Celui-ci était chargé de remettre à Charles VIII, de la part du roi d'Angleterre, une lettre où son souverain, ne craignant pas d'entrer dans les détails, s'efforçait de prouver que Wydeville avait agi à ses risques et périls, et sans que lui, Henri VII, y fût pour rien. Il rejetait la responsabilité de l'incident sur les intrigues des ambassadeurs bretons, et affectait de laisser entendre que le nombre des auxiliaires passés en France était trop peu important pour avoir la moindre influence sur les événements. Voici cette lettre, qui mérite d'être reproduite ici dans toute sa teneur, tant à cause des renseignements qu'elle contenait sur les préparatifs de l'expédition, que pour la façon piquante dont s'y trouve dévoilé le caractère d'Henri VII.

*« Windsor, mardi 27 mai.*

Très hault, très excellent et très puissant prince, très chier et très amé cousin, nous croyons que estes bien souvenant que par ung des chevaucheurs de nostre escuirie, nommé Michelet, qui naguières a esté devers vous, vous avons escript à cause du bruit qui estoit par dellà, et certiffié que aulcuns de nos subjectz n'estoient allez en Bretaigne ; et cela estoit vérité, car nous avons fait défendre sur peine de la vie que nul n'y allast.

Toutesfoiz nous avons à ceste heure esté advertiz que les ambassadeurs de Bretaigne, qui derrenièrement sont venuz par deçà en intention d'avoir ayde et secours de nous, voyans qu'ils ne pouvoient obtenir leur intencion ne sur ce avoir aucun confort, se sont tirez en l'isle de Wict devers sire Edouart de Wideville, ch<sup>r</sup>, soy disant seigneur de Scalles, qui illecques faisoit sa résidence et là où de longtemps avoit charge de par nous pour la garde d'icelle ; et par leur subtilz moiens et pratiques l'ont tellement enhorté et séduit que, à nostre très grant desplaisir, il s'en est allé avec eulx en Bretaigne et a trouvé moien de mener avec luy jusque au nombre d'environ 300 hommes, dont il a tiré la plupart d'iceulx des franchises où ils auroient esté plusieurs années pour leurs délitz et maléfices, desquelz la pluspart sont allez sans harnoy et habillement de guerre. Et s'est fait l'amas d'icelles gens audit ysle, qui est tout environnée de mer, si très secrettement et hastivement que oncques n'en avons peu avoir congnoissance sinon jusques après leur département.

Il est bien certain que ledit sire Edouart nous avoit à plusieurs foiz demandé congié pour y aller, et jamais ne luy avions voulu consentir, mais luy avions expressément défentu qu'il n'y allast sur tant qu'il doubtoit encourir nostre indignation, et n'eussions jamoys cuidé qu'il eust ozé enfraindre nostre commandement. Il y avoit aussi ung jeune chevalier, frère du comte d'Arondel, qui faisoit son appareil pour y aller après ledit sire Edouart, mais, incontinant que l'avons sceu, nous l'avons fait arrester avec son navire et tous ceulx de sa compaignie.

Et pour ce, très hault, très excellent, très puissant prince, très chier et très amé cousin, que sommes certains que ces choses viendront à vostre congnoissance et que ne savons comment ne en quelle façon les pourriez prendre ne interpréter, car touchant telles matières se font souvent plusieurs rapportz, nous vous advertissons voulentiers de la vérité, vous prians bien en certes que touchant ceste chose ne vueillez prendre aucune suspicion ne ymaginacion qu'il y ait de nostre coulpe ; car nous vous certiffions sur nostre honneur que ce a esté fait saus nostre sceu et consentement et contre nostre prohibicion et défense, et en sommes autant desplaisans que de chose qui nous soit advenue depuis que sommes en ce royaume. Car pour riens qui soit ne vouldrions permectre aucune chose estre faicte en vostre préjudice ou desplaisir ; et croiez de certain que, avant qui soit longtemps, l'on congnoistra par effect ledit sire Edouart et les siens non avoir esté bien conseillez d'avoir fait une telle et si folle entreprinse.

Et afin que de ces choses et de nostre intencion sur ce soyez plainement et entièrement adverty, nous envoions à présent devers vous nostre roy d'armes Gartière, par lequel pourrez scavoir la vraye vérité, vous priant le vouloir croire et adjouster foy à ce qu'il vous dira et par luy nous faire scavoir de voz bonnes nouvelles avec s'il est chose que désirez que faire puissions, et nous l'acomplirons de très bon cueur, aydant le benoist filz de

Dieu qui, très hault, très excellent, très puissant prince, très chier et très amé cousin, vous ait en sa saincte garde et doint l'entier acomplissement de vos bons désirs.

Escript en nostre chasteau de Windesore ie 27ᵉ jour de may.

Vostre bon cousin,<br>
HENRY,<br>
Et signé : FRYON.

Et dessus la lecture : A très hault, très excellent, très puissant prince nostre très chier et très amé cousin le roy Charles de France (1).

Est-il est besoin d'insister sur l'intérêt vraiment exceptionnel de cettre lettre d'Henri VII à Charles VIII ? N'est-il pas piquant de voir avec quel soin le roi d'Angleterre, outre son désaveu formellement exprimé à l'égard de l'expédition d'Edouard Wydeville en Bretagne, cherche à en diminuer de toutes façons l'importance dans l'esprit du roi de France ? Les volontaires ne sont pas 400, mais seulement 300 ; ce ne sont pas les fermiers de l'île, mais des hommes sans aveu, d'anciens condamnés pour crimes de droit commun ; enfin ils sont à peine équipés. Ce sont enfin les ambassadeurs bretons qui sont responsables de tout par suite de leurs intrigues avec le capitaine de l'île ; quant à lui, Henri VII, tout s'est fait non seulement malgré sa défense, mais à son insu ; comment aurait-il deviné ce qui se tramait dans cette île de Wight séparée par la mer du continent ? Remarquons aussi ce jeune chevalier, frère du comte d'Arondel, qui devait prendre part à l'expédition avec une troupe à lui déjà embarquée, et que le roi d'Angleterre avait fait arrêter, mieux renseigné à son égard qu'il ne l'avait été pour Wydeville.

Mais Henri VII ne se contente pas de désavouer l'expédition et d'en prédire l'insuccès ; il s'en excuse auprès de Charles VIII dans les termes les plus humbles. Aucune protestation ne coûte à son amour-propre de roi d'Angleterre pour éviter le mécontentement de son royal voisin, et c'est son roi d'armes Jarretière qu'il charge de porter en France sa suppliante missive.

Il était du reste grand temps pour Henri VII, s'il tenait vrai-

---

(1) Cette lettre, qui faisait partie des riches archives du regretté Duc Louis de la Trémoïlle, a été publiée par lui à la fin de sa « Correspondance de Charles VIII » parmi les lettres et pièces diverses.

ment à conserver l'amitié de Charles VIII, de lui faire savoir qu'il désavouait l'entreprise d'Edouard Wydeville. En effet, au moment où il écrivait à son « cher cousin » la lettre que nous avons reproduite, il y avait déjà plusieurs jours que le capitaine de l'île de Wigth et ses volontaires, après une heureuse traversée, étaient arrivés en vue de Saint-Malo et y avaient opéré sans encombre leur débarquement. Une lettre, adressée de Nantes, à la date du 25 mai, par André d'Espinay, archevêque de Bordeaux, et le sieur de Morvilliers à la Trémoïlle, le généralissime de l'armée française, avait déjà signalé l'arrivée du petit corps expéditionnaire anglais en Bretagne : « L'on dit icy pour vray que Monsieur d'Albret est à Quimper Corentin, et Monsieur de Squalles à Saint-Malo ; » mais, ajoutaient les correspondants de La Trémoïlle : « Dieu mercy, ils ne sont point sy fort accompaignez qué, quant ils vous vouldroient aller veoir, ne soiez puissant pour les recueillir à vostre honneur et avantage… » (1). Il est également fait allusion à l'expédition de Wydeville dans une autre lettre écrite d'Angers, le 29 du même mois, à La Trémoïlle par l'amiral de Granville : « Je vous envoye cy dedans enclos une lectre qui ma esté escripte de Harfleu, et croy bien que Monsieur de Scalles soit passé, mais il n'a pas amené grant nombre de gens quand et luy, ainsi que par lesd. lettres vous pourrez veoir… » (2) Ainsi le débarquement des Anglais à Saint-Malo avait eu certainement lieu avant le 25 mai ; ceux qui formaient l'entourage de Charles VIII avaient été rapidement informés de cet événement, mais ils n'avaient pas l'air d'y attacher grande importance.

Cependant Wydeville et ses compagnons n'avaient pas tardé à quitter Saint-Malo pour se rendre à Dinan. Ils y arrivèrent sans difficulté, mais, quelques jours après, ils se trouvèrent en contact avec les Français et n'eurent guère à se louer de ce voisinage. Le vicomte d'Aunay était alors gouverneur de Dol pour le roi de France. Ayant appris l'arrivée des Anglais à Dinan, il résolut de leur dresser une embuscade. Cette embuscade eut un plein succès et coûta à ceux à qui elle était préparée de nombreuses pertes, tant tués que blessés. Voici comment, dans une lettre écrite d'Angers à La Trémoïlle à la date du 31 mai,

(1) Correspondance de Charles VIII, p. 113.
(2) Ibidem, p. 120.

l'amiral de Graville raconte la chose : «... Tout à ceste heure le vicomte d'Aunay a escript une lectre au Roy par laquelle il luy faict sçavoir que jeudi derenier, il fut adverty que Monsieur de Squalles et les Anglais qui estoient descenduz à Saint-Malo, estoient arrivez à Dinan ; et partit tout incontinent, et mena envignon six vingt (120) hommes d'armes, et y estoit méritain (vers minuit), et misdrent deux ou troys embusches devant jour, et envoyèrent trente chevaulx courre devant la ville ; et tous mes Angloys saillirent à vau de route sur (lesd.) trente chevaulx, et les chassèrent bien demye lieue jusques dedans leur embusche, où ils estoient le nombre dessusdit. Pour conclusion, ils les ont deffaiz et en ont emmené de prisonniers 114, et sur la place en est demouré de mors douze vingt et plus... » (1).

Ce premier contact avec les Français n'avait donc pas été heureux pour les Anglais ; il faut toutefois reconnaître qu'il y avait évidemment une grande exagération dans le rapport du vicomte d'Aunay relativement au chiffre des pertes anglaises dans l'affaire en question. S'il fallait prendre ce rapport au pied de la lettre, la troupe à laquelle commandait Wydeville étant composée de 450 hommes à peine, elle aurait été réduite dès le commencement de la campagne à une centaine de combattants, ce qui est, comme on le verra par la suite, tout à fait inadmissible.

Quoi qu'il en soit, Edouard Wydeville et ses compagnons ne tinrent pas longtemps garnison à Dinan et continuèrent bientôt leur marche sur Rennes où ils arrivèrent avant le 5 juin. Là ils furent de la part de la population bretonne l'objet d'une réception chaleureuse qui dot les consoler du fâcheux résultat de leur récente escarmouche avec les Français. Deux « buces » de vin clairet furent « effoncées » en leur honneur dans la rue Haute, deux pipes de vin blanc au placîs du Bout de Cohue. Là, les soldats anglais, que l'on promenait triomphalement par les rues, s'arrêtèrent, burent et mangèrent, pendant qu'une troupe de musiciens leur sonnait des aubades et qu'un « jeune garçon » les amusait de ses tours de souplesse. Puis, dans le logis ducal de la Garderobe, un grand banquet fut offert par la ville de Rennes à Scales et à tous les chefs anglais. On y mangea, entr'autres choses, un veau et demi, deux moutons et demi, trois chevreaux, deux lièvres, vingt-huit lapereaux, huit oisons,

_______

(1) *Correspondance de Charles VIII*, p. 122.

trentes-six poulets, vingt-huit pigeons, etc. On y but une pipe de vin blanc, une pipe de vin claret, sept estamaux d'hypocras. Une telle réception, dit Arthur de la Borderie, le savant historien de la Bretagne, à qui nous empruntons ces détails (1), était bien faite pour allécher les estomacs britanniques et amener des recrues au comte de Scales, mais Henri VII, paraît-il, s'y opposait si fort qu'il ne lui en vint aucune.

Ce fut vers cette même époque que la lettre écrite par Henri VII à Charles VIII le 27 mai fut remise à ce dernier par le héraut d'armes anglais Jarretière. Le roi de France, après en avoir pris connaissance, se déclara satisfait des explications qu'elle contenait. Il écrivit en ce sens au roi d'Angleterre et chargea le messager de Henri VII de rapporter sa réponse à son maître. En même temps il envoyait la lettre en question à La Trémoïlle et à ses lieutenants, et accompagnait son envoi des lignes suivantes : «... Nous vous envoions cy dedans encloz le double d'une lettre que nostre cousin le Roy d'Angleterre nous a escripte par Jarretière, son hérault d'armes, par laquelle vous verrez ce qu'il nous escript touchant la venue du Seigneur de Scalles et du petit nombre d'Anglois qu'il a amenés en Bretaigne sans son sceu ou plaisir, mais l'a faict oultre ses deffenses, dont il n'est pas trop content. Au surplus, donnez vous toujours bien garde de ce que vous aurez à faire, et de ce qui surviendra nous advertissez, et souvent nous faictes sçavoir des nouvelles (2). »

Mais revenons à nos Anglais.

En arrivant sous les murs de Rennes, ceux-ci s'étaient trouvés presque la seule force organisée qui fût alors capable de défendre cette ville contre un coup de main des Français récemment entrés dans Ancenis. Une trêve avait été conclue le 1er juin entre Charles VIII et François II. Or, composée en grande partie de volontaires, l'armée bretonne avait profité de la cessation momentanée des hostilités pour se disperser, chacun désirant revoir ses foyers. En vain le duc avait fait annoncer une montre générale ou revue pour le 12 juin ; cette convocation était restée sans effet. Ce fut seulement au commencement de juillet que, comprenant le danger qui menaçait leur

_____

(1) A. de la Borderie, *Louis de la Trémoïlle et la guerre de Bretagne*. M. de la Borderie avait pris lui-même les détails sur ce banquet dans les archives municipales de Rennes.

(2) *Correspondance de Charles VIII*, p. 133

patrie, les gentilshommes et francs ardchers se rassemblèrent à
Rennes au nombre d'environ 7000. Ils ne composaient pas seuls
l'armée bretonne : outre la troupe d'Edouard Wydeville, cette
armée comprenait alors, comme auxiliaires étrangers, d'abord
1500 lansquenets d'Autriche ; puis un contingent plus important
d'Espagnols et de Gascons qui venaient précisément de débar-
quer près de Quimper sous la conduite d'Alain d'Albret, frère
utérin de la comtesse de Laval ; contingent fort de 3500 hommes,
sans compter la compagnie de cent lances de son chef. Ainsi
l'armée bretonne, telle qu'elle s'était de nouveau rassemblée à
Rennes dans ces premiers jours de juillet, avait désormais un
effectif de 11.500 hommes, dont 4.600 auxiliaires anglais, allemands et espagnols.

On touchait à la fin de la trêve qui, prorogée à plusieurs re-
prises, allait cesser définitivement le 6 juillet. Cette trêve n'avait
pas empêché La Trémoïlle de faire faire à ses troupes quelques
marches et de leur faire prendre de nouvelles positions. C'est
ainsi que le 17 juin son armée, cantonnée depuis un mois à Ancenis, avait enfin quitté cette ville. Arrivée le 20 à Martigné Fer-
chaud, elle en était partie le 26 pour Marcillé, d'où elle s'était
établie au pont d'Etrelles et dans les faubourgs même de
Vitré.

Enfin, le 2 juillet, elle s'était portée à Châtillon en Vendelais,
entre Vitré et Fougères. C'est là que la Trémoïlle avait été informé par Charles VIII de la rupture des pourparlers. Trois jours
après, il était devant Fougères, et il en commençait le siège.

De son côté, l'armée bretonne, formée comme nous l'avons
exposé plus haut, achevait à Rennes sa concentration. Dès qu'on
y eut appris l'investissement de Fougères par les Français, les
généraux de François II décidèrent d'employer leurs forces à
faire lever le siège de la place investie ; ils croyaient du moins
en avoir le temps. Mais ils ne se mirent en marche que le 23 juillet, sans savoir que dès le 19 Fougères était tombée aux mains
de l'ennemi. On voulut du moins éviter le château de Saint-Aubin-du-Cormier, occupé par une garnison française, et l'on prit
l'ancienne route de Rennes à Fougères, qui remontait vers le
nord ; on passa de la sorte par Aubigné, Saint-Aubin d'Aubigné
et Andouillé, où l'on arriva le 23.

Pendant cette marche, le duc d'Orléans et le maréchal de Rieux,
détachés du gros de l'armée, s'étaient portés à Dinan, et avaient

menacé Dol, mais celà ne les avait pas empêché de se trouver, eux aussi, à Andouillé dans cette même journée du 23. Les Anglais de Scalles avaient-ils fait partie de cette expédition, ou bien étaient-ils restés avec le gros de l'armée bretonne ? Nous l'ignorons. En tous cas, ils étaient à Andouillé, comme les autres troupes de François II, le 24 juillet, jour où eut lieu en cet endroit la montre ou revue générale. A la suite de cette revue, il fut tenu un conseil de guerre. Les chefs qui furent appelés à y donner leur avis, étaient, nous apprennent les documents de l'époque, le duc d'Orléans, le prince d'Orange, le maréchal de Rieux, le sire de Chateaubriant, le sire de Pont-l'Abbé, le jeune seigneur de Léon, fils du vicomte de Rohan, Alain d'Albret, enfin notre Edouard Wydeville. Le maréchal de Rieux opina pour la prudence et conseilla d'éviter une bataille rangée ; mais les autres chefs, plus téméraires, se prononcèrent pour l'offensive immédiate (1). Nul doute que ce dernier parti n'ait eu le complet assentiment de l'aventureux capitaine de Wight.

A cette date de 24 juillet, chose incroyable ! l'armée bretonne ignorait toujours la capitulation de Fougères ; elle n'apprit cet événement que le 26 au matin par les débris de la garnison accourus à Andouillé. Il y eut alors un nouveau conseil de guerre où l'on se décida à faire le siège de Saint-Aubin-du-Cormier. On alla en conséquence s'établir à Orange, et c'est de là que le lundi 28 juillet, au matin, on se dirigea sur Saint-Aubin en ordre de bataille. Les forces dont François II disposait avaient été réparties en trois corps d'armée : l'avant-garde était conduite par le maréchal de Rieux, le centre par Alain d'Albret, et l'arrière-garde par le sire de Chateaubriant. Les Anglais de lord Scales faisaient partie de l'avant-garde ; c'était évidemment un hommage rendu à leur bravoure ; d'ailleurs, pour faire croire qu'ils étaient plus nombreux qu'ils ne l'étaient en réalité, on leur avait adjoint dix-sept cents soldats bretons, auxquels on avait fait prendre des hoquetons blancs à croix rouges (2). Eux n'était plus guère que trois cents.

Arrivée à une demie lieue de Saint-Aubin-du-Cormier, sur le bord d'une forêt, l'armée bretonne fit halte dans une vaste lande découverte qui porte encore aujourd'hui le nom de « lande de la

_____

(1) A. Dupuy, *Réunion de la Bretagne à la France.*
(2) Ibidem.

rencontre ». — Cette lande, dit M. Pocquet de Haut Jussé (1), un
des historiens contemporains qui connaît le mieux le passé de
la Bretagne, « cette lande est bornée à l'Ouest par la forêt de
Haute-Sève, à l'Est par le bois d'Ussel, au Sud par le ruisseau de
l'étang d'Onée, et au Nord par les coteaux formant la ligne du
Sillon de Bretagne. C'était une position admirable et unique pour
une grande bataille : à droite les chênes séculaires de la forêt de
Haute-Sève ; à gauche, les taillis du bois d'Ussel ; devant, une
vaste plaine légèrement vallonnée et coupée par quelques roches
granitiques émergeant du sol ; c'est dans ce cadre de verdure,
par une chaude soirée de la fin de juillet, au milieu de ce paysage
d'un caractère si breton, que l'indépendance de la Bretagne devait sombrer sans retour. Les courts ajoncs et la bruyère rose
des landes allaient boire à flots le sang breton. »

Pendant cette même matinée du 28 juillet où les Bretons s'é-
taient avancés d'Orange dans la direction de Saint-Aubin-du-Cormier, la Trémoïlle, parti de Fougères avec son armée, était arrivé de son côté à Saint-Aubin vers midi. Informé de la présence
de l'armée ennemie non loin de là, il s'était aussitôt porté contre
elle avec toutes ses forces.

Ici, il convient de laisser encore la parole à M. Pocquet du
Haut-Jussé : « Pour sortir de Saint-Aubin », dit ce dernier, « les
Français devaient passer par un chemin étroit, resserré entre
le bois de la Chaîne et le Bois d'Usel ; aussi marchaient-ils « à la
file et sans ordre », ne croyant pas les Bretons si près. Quand ils
débouchèrent sur la lande, ils aperçurent de loin, sur un coteau
en pente douce, à 800 mètres environ, l'armée des Bretons « qui
jà estoit en bataille et en moult bel ordre ». Gabriel de Mont-
faucon et dix ou douze hommes d'armes français, qui chevau-
chaient en avant, engagèrent un combat d'avant-garde. Si à ce
moment les Bretons s'étaient portés en masse en avant, ils
eussent défait les Français avant leur formation ; mais une fois

(1) M. Barth. Pocquet du Haut-Jussé, ancien président de la Société historique
et archéologique d'Ille-et-Vilaine, s'est fait, comme on sait, le continuateur de
l'*Histoire de Bretagne* commencée par A. de la Borderie. Dès avant la publication du 4ᵉ volume, rédigé presqu'entièrement par lui, il a bien voulu me confier
les pages où il raconte la bataille de Saint-Aubin-du-Cormier, et ce sont ces
pages qu'avec sa permission, je reproduis ici. Nous prions le savant historien
breton de recevoir ici l'expression de notre plus profonde gratitude tant pour les
pages qu'il nous a communiquées que pour le précieux plan du champ de bataille qui accompagnait son envoi.

de plus les dissensions leur furent fatales. Rieux voulait avancer, les autres hésitèrent, discutèrent et laissèrent passer l'occasion.

La Trémoïlle vit en face de lui l'armée bretonne sur le versant du coteau : l'avant-garde ou la gauche commandée par le maréchal de Rieux, appuyée au bois d'Usel ; le centre ou corps de bataille, sous les ordres de d'Albret, déployé sur la lande, à droite, dans la direction de Haute-Sève, couvrant son flanc droit du charroi de l'artillerie ; la cavalerie par détachements sur les ailes, prête à se porter où besoin serait ; l'arrière-garde, formant réserve et comptant moins de combattants que de vivandiers et de valets.

Le général ne perd pas de temps ; il divise son armée en trois corps : l'avant-garde, formant la droite, est commandée par Adrien de l'Hospital « vieil capitaine français ; » l'arrière-garde, formant réserve, par le sire de Baudricourt, gouverneur de Bourgogne ; lui-même prend le commandement du centre, ayant pour lieutenant Jacobo Galiota, habile capitaine napolitain. Il eut le temps de faire creuser une tranchée devant son artillerie, et le combat s'engagea par une décharge générale des canons des deux armées qui causa de grands ravages de part et d'autre.

Après cette première décharge, les armées marchèrent l'une vers l'autre : l'avant-garde des Bretons s'avança « en pointe » contre l'ennemi ; la droite des Français se porta en masse contre elle ; Rieux « soutient le faix très vertueusement ; » le centre des Bretons s'ébranle alors pour soutenir le choc ; la mêlée devient générale et fort rude ; les coups pleuvent, le sang coulé ; *les archers anglais montrent une grande intrépidité* ; les Bretons crient : Saint Samson ! Saint Samson ! Les Suisses répondent : Saint Lau ! Saint Lau ! Devant l'assaut furieux des Bretons, les Français reculent de cent pas.

Mais une fausse manœuvre se produit dans le mouvement du centre breton : le capitaine Blair, ou Beler, chef des auxiliaires Allemands, pour se mettre à l'abri des boulets de l'artillerie française qui tirait encore quelques coups, descend trop tôt la pente menant au ruisseau de Riquelon, ce qui produit un angle, ou pli, une brisure dans la ligne bretonne qui se trouve « ployée comme en croissant ».

Galiota aperçoit ce point faible, et, au moment où les Français se voyaient sur leur droite si rudement repoussés, il crie à La Trémoïlle : « Donnons plus bas ! » Aussitôt Galiota, qui avait

médité son plan hardi, s'élance avec une troupe d'élite de 400 cavaliers bardés de fer « en l'endroit du ply » contre les Allemands ; il tombe mortellement blessé ; mais, malgré une éner-
gique résistance, sa troupe parvient à percer cette légion sans
appui.

La cavalerie bretonne, postée sur les ailes, aurait dû arrêter
cette trombe humaine et l'empêcher de prendre à dos l'infante-
rie ; mais « elle fist très mal son devoir et ne soutinst point », en
sorte qu'elle découvrit les gens de pied.

Les cavaliers de Galiota se jettent sur l'artillerie, tuent les
soldats ; ils courent à l'arrière-garde, tombent sur les vivandiers et les valets, portent partout le désordre et la mort. Les
troupes françaises à leur tour pénètrent vivement par la brèche
ouverte, prennent à revers le corps de bataille, puis la gauche
des Bretons ; assaillis de dos et de face, ceux-ci faiblissent
et se débandent ; bientôt c'est la déroute !

Alors ce fut un carnage... *les 2000 archers portant la croix
rouge se firent tuer* jusqu'au dernier ; du côté des Bretons, 5 à
6000 hommes *gisaient sur le sol, et, parmi eux,* le prince de
Léon, âgé de 18 ans..., *le comte de Scales, chef des Anglais, etc.*
Telle a été, d'après M. Pocquet du Haut Jussé, cette mémorable
bataille de Saint-Aubin-du-Cormier dont les résultats furent si
considérables. Si elle fut néfaste pour la Bretagne en tant que
puissance indépendante, elle n'en fut pas moins glorieuse pour
plusieurs des corps qui y combattirent sous le drapeau breton,
entr'autres pour les archers Anglais et leur vaillant chef,
Edouard Wydeville, dont nous venons de voir la grande intrépidité et la mort héroïque en cette journée. En ce qui concerne
d'ailleurs la troupe anglaise, il convient, pour compléter le récit
de la bataille, d'ajouter un détail que nous devons à la chronique du chanoine Jean de Molinet. Ce détail est relatif à la
place exacte où combattirent et tombèrent les insulaires de
Wight. « *Le seigneur de Scales avec bon nombre d'Anglais* »,
lisons-nous dans cette chronique, « *demourèrent morts sur la
place auprès d'un bois nommé Selp.* » Or, d'après M. Pocquet
du Haut-Jussé qui, en sa qualité de Rennais, connaît bien Saint-
Aubin-du-Cormier et les environs, le bois nommé Selp ne peut
être autre que le bois d'Usel dont le nom aura été un peu dé-
figuré par la dure prononciation des soldats allemands et fla-
mands ayant combattu à Saint-Aubin-du-Cormier et desquels,

après leur retour dans leur pays, Jean de Molinet, écrivant à Valenciennes ses chroniques dix ans environ après l'événement, aura appris ce détail topographique.

Un autre détail, d'un mélancolique intérêt, doit ici prendre place. Quinze jours après son importante victoire du 28 juillet, La Trémoïlle recevait la capitulation de cette même ville de Saint-Malo, où, comme on s'en souvient, nos Anglais étaient débarqués dans les derniers jours de mai. Un des articles de la capitulation portait que « tous les biens, navires, armes, monstures, et aultres choses quelconques du feu seigneur de Scalles estant de présent en ladite ville et au port et rade d'icelle sont et demourront à la volonté de mondit seigneur de La Trémoïlle (1) ». Certes, en prenant terre quelques mois auparavant sur la côte bretonne, et en y laissant, pour s'enfoncer dans l'intérieur du pays, leurs navires et bagages, Wydeville et ses compagnons ne se doutaient pas qu'ils les abandonnaient pour toujours et que le général en chef des Français en disposerait un jour a sa guise !

Cependant la nouvelle de l'issue, si funeste au point de vue anglais, de la journée de Saint-Aubin-du-Cormier était parvenue en Angleterre, à Londres comme à l'île de Wight. A Londres, le peuple, irrité plus que jamais contre la France, demandait à grands cris une prompte intervention qui ne devait du reste pas tarder à se produire. Mais Henri VII, toujours attaché à sa politique de conciliation et d'atermoiements, n'en persista pas moins, pendant quelque temps, à continuer, autant qu'il dépendait de lui, ses relations amicales avec Charles VIII. Il avait envoyé dans les premiers jours d'août au roi de France un de ses hommes de confiance, appelé Jehan Bon, pour lui annoncer ce qui était arrivé, selon ses prévisions, d'ailleurs, au capitaine de Wight et à sa troupe, et désavouer une fois de plus la malencontreuse expédition faite contre son gré (2). Le messager du souverain anglais, débarqué probablement sur nos côtes vers le milieu d'août, dut atteindre Charles VIII au moment où ce prince, après avoir signé le traité du Verger, allait s'établir pour une dizaine de jour au manoir de la Roche-Talbot, près de Sablé, dans le Maine. C'est là en tous cas que le roi de France accorda audience

(1) *Correspondance de Charles VIII*, p. 462.
(2) Voir ci-dessous la lettre de Charles VIII à Henri VII.

à Jehan Bon et lui donna sa réponse à transmettre à son maître. Cette réponse, dont l'original se trouve aux archives de Londres, a été publiée il y a quelques années dans les *Lettres de Charles VIII*, mais vaut la peine d'être reproduite dans notre étude où elle a sa place tout indiquée. Elle fait pour ainsi dire le pendant à la lettre de Henri VII que nous avons citée plus haut :

« *La Roche-Talbot, 29 août 1488*.

    Très hault et très puissant prince, nostre très cher et très amé cousin, nous avons reçu les lettres que par nostre cher et bien amé Jehan Bon, porteur d'icelles, nous avez escriptes, et par luy avons sceu de voz bonnes nouvelles, dont, si très fort que faire pouvons, vous remercions, aussi de ce que par vosd. lettres nous faictes sçavoir touchant feu seigneur Edouard de Wideville, qui se disoit seigneur de Scalles. Car, comme vous avons escript par Jarretière, lequel aviez envoyé devers nous pour ceste cause, nous savons certainement que l'allée dud. feu de Scalles et de voz subjectz qu'il avoit menez avecques luy en Bretaigne estoit sans nostre sceu et congé et à vostre très grant desplaisance par amour de nous, et n'y avons faict nulle doubte. Au sourplus, depuis que vous avons dernièrement escript, par l'aide de Dieu et le service de noz bons et loyaulx subjectz, nous avons gaigné la bataille contre les Bretons et noz autres rebelles subjectz ; aussi les villes et places de Dynan et Sainct-Malo ont esté mises en nostre obéissance. Et nonobstant toutes ces choses, avons fait paix avecques nostre cousin le duc de Bretaigne, combien que, se nous eussions voulu, il estoit bien en nous de mectre en noz mains le demourant dud. pays de Bretaigne, et les places d'icelluy, mais il nous souffisoit seulement d'assurer pour le temps advenir le droit que nous y prétendons et en chasser noz rebelles subjectz qui se (y) estoient rettirez, ainsi que le tout avons chargé aud. Jehan Bon vous dire plus au long. Et s'il est chose que puissions faire pour vous, en le nous faisant sçavoir, l'accomplirons de très bon cueur.

    Très hault et très puissant prince, nostre très cher et amé cousin, nostre Seigneur vous ait en sa saincte garde.

Charles<br>Parent.

A très hault et très puissant prince, nostre très cher et très amé cousin le Roy d'Angleterre » (1).

Tandis que l'Angleterre, à la suite de la journée de Saint-Aubin, criait vengeance et que son roi n'en continuait pas moins auprès de Charles VIII ses pacifiques protestations, la consternation régnait à l'île de Wight où, si l'on en croit la tradition, un jeune garçon, seul survivant de tout le corps expéditionnaire, serait venu apporter la fatale nouvelle. Vraie ou fausse, il y avait dans cette tradition un trop beau motif de poésie pour que M. Percy Stone n'essayât pas de s'en inspirer, et c'est ce qu'il a fait dans son poème avec un succès que nous ne saurions trop reconnaître :

> Les jours d'été sont venus et sont passés ;
>> Les moissons ont été ramassées ;
> Mais aucune nouvelle n'est parvenue de cette troupe d'insulaires
> Qui mit à la voile si joyeuse en quittant le rivage de Sainte-Hélène
>> Pour soutenir victorieusement la cause de Wydeville.

> Il y a pourtant un jeune garçon sur ce même rivage de Sainte-Hélène,
>> Récemment débarqué ;
> Son visage est blême ; ses yeux sont hagards ;
> Il se contente de regarder fixement quand on lui demande
>> Qui il est et d'où il vient.

> A la fin seulement il se décide à répondre ;
>> Mais ses paroles sont basses et faibles :
> « Le temps est loin où nous nous embarquâmes ici
> Au son de la trompette et sous les acclamations du départ ;
>> Où m'appelle Diccon Cheke.

> Or voulez-vous savoir, vous femmes de Wight,
>> Ce que sont devenus vos fils et vos maris ?
> Ils gisent tous jusqu'au dernier sous les murs de Saint-Aubin,
> Auprès de ce bois sombre et sinistre où crient les oiseaux de nuit,
>> Et ils m'ont laissé seul !

Ainsi, c'était pour pouvoir personnifier dans Diccon Cheke de Mottiston l'unique survivant du désastre de Saint-Aubin que M. Percy Stone nous avait présenté ce personnage au début de son poème : idée assurément des plus heureuses ! Du reste rien ne saurait surpasser comme puissance et profondeur

_______

(1) Cette lettre, dont l'original est conservé aux archives de Londres, dans le State papers, a été publiée par P. Pelicier, dans ses lettres missives de Charles VIII.

de mélancolie les strophes que nous venons de citer et où le poète
nous représente d'une façon si pathétique le jeune homme dont
il s'agit apparaissant tout à coup, sur le rivage de Sainte-Hélène,
aux femmes de l'île de Wight, alors qu'elles sont en train de se
lamenter sur l'absence prolongée de leurs fils et de leurs maris.

Mais écoutons Diccon Cheke, ou plutôt le poète moderne,
faire le récit poétique de l'expédition depuis le départ de Sainte-
Hélène jusqu'à et y compris la journée de Saint-Aubin. Voici
d'abord les strophes où est racontée l'expédition proprement
dite ainsi que les préludes de la bataille :

Nous quittâmes l'île de Wight secondés par un vent favorable ;
    Le cœur de chacun de nous battait avec violence
Au récit des exploits qu'au temps passé
Nos ayeux accomplirent à Azincourt,
    Et tandis que la côte bretonne se dressait tout près de nous.

Nous abordâmes à l'endroit où la Rance aux flots argentés
    Se jette dans la baie de Saint-Malo ;
    Nous campâmes le matin suivant à Andouillé
Anglais confondus avec les Bretons,
    Et notre bataillon y fut passé en revue.

En France on redoutait la valeur anglaise ;
    Pour nous rendre encore plus redoutables,
On joignit à nos hommes de Wight,
Afin de les faire paraître beaucoup plus nombreux,
    Seize centaines de Bretons.

On donna à ces fantassins déguisés en Anglais
    La veste de cuir avec la croix rouge ;
On les plaça avec nous à l'avant-garde,
Rudes Bretons mêlés aux Anglais ;
    Et ce fut pour notre malheur.

Chateaubriand conduisait la réserve ;
    C'est là que fut notre côté faible ;
L'avant-garde était commandée par de Rieux ;
Les rangs se pressaient dans un ordre parfait,
    Et le corps de bataille avait pour chef d'Albret.

Trois jours s'étaient écoulés quand on apprit
    Que l'ennemi avait emporté Fougères ;
Et que ses fantassins et ses cavaliers s'approchaient
De la plaine où s'élève la ville de Saint-Aubin
    Pour y attendre notre attaque.

> Pleins de joie nous quittâmes notre camp,
>> Puis marchâmes en avant jusqu'à ce que devant nos yeux,
> Adossée à un vieux bois sombre,
> L'armée française apparut rangée en bataille,
>> Immense en comparaison de notre petit nombre.
>
> Tout d'abord dix vaillants chevaliers s'avancèrent à cheval
>> Pour observer nos forces et nos dispositions ;
> Puis bientôt à grands cris et au son de la trompette
> Leur armée toute entière — un vaste front de bataille —
>> Se rua sur nous comme un ouragan.

Ce récit, où les beaux vers ne manquent pas, serait, comme on a pu en juger, assez exact au point de vue de la vérité historique sans la singulière licence poétique prise par l'auteur de réduire à vingt-quatre heures les deux mois et plus qui s'étaient écoulés entre le débarquement des Anglais à Saint-Malo et la revue d'Andouillé. Mais, n'importe ! Il est incontestable que cette partie du poème contient, elle aussi, de belles strophes, les deux dernières surtout. L'apparition soudaine de l'armée française, adossée au vieux bois sombre d'Usel, puis l'élan de cette même armée qui toute entière, vaste front de bataille ! se rue sur les Bretons comme un ouragan, sont deux magnifiques images, d'autant plus émouvantes, qu'il n'y a pas là de fiction poétique, mais la réalité même des faits avec toute leur couleur locale et toute leur sombre poésie !

Après avoir ainsi retracé les principales péripéties de l'expédition, Diccon Cheke arrive au récit de la bataille elle-même, de la terrible bataille de Saint-Aubin-du-Cormier, et ici nous n'avons que des éloges à donner à M. Percy Stone, tant la description qu'il nous en donne est d'un bout à l'autre à la hauteur d'un si grave et si pathétique événement !

> Wydeville a parcouru nos rangs ;
>> Son cheval est tout blanc d'écume ;
> Il nous crie : « Que saint Georges soit notre cri de ralliement ;
> Et, partout où vous verrez flotter ma bannière,
>> Hommes de Wight, frappez juste ».
>
> Protégés par leurs canons dont les coups résonnaient fréquents et
>> Ils chargèrent sur notre avant-garde ;                    [terribles,
> Mais nous les repoussâmes comme nos falaises de Wight
> Repoussent la tempête par une nuit d'hiver ;
>> Tel fut le début de la bataille.

Négligeant alors notre front, ils se portèrent
        Contre celui du corps de bataille ;
Ils rompirent, hélas! les lances bretonnes
Qui devant la chevalerie de France
        Tombèrent en cette fatale journée !

Ils attaquèrent le corps de bataille
        En présence de d'Albret qui le commandait ;
La chevalerie bretonne recula
Ce jour-là devant les chevaliers français :
        Ce fut vraiment une déroute !

Alors, sous le coup de la panique, l'arrière-garde fit volte-face,
        Et s'enfuit sans avoir combattu,
Et pour la seconde fois le torrent de la bataille
Se précipita autour de l'éminence où nous nous tenions
        Et vint se rompre contre nos lances.

« Tenez ferme, tenez ferme, ô Bretons,
        Et pensez à la Croix que vous portez sur vos poitrines,
A cette croix glorieuse », criait notre capitaine,
« Qui assure toujours la victoire à ceux qui la portent ;
        Tenez ferme et restez sans peur !

Hélas ! la Croix d'Angleterre ne suffit pas pour donner
        Tout ce qui fait la bravoure anglaise ;
Comme de timides cerfs ne sachant où ils vont,
Ils hésitèrent, se tournèrent, et nous fûmes laissés.
        Seuls en face des Français.

C'est ainsi que nous vîmes la lance bretonne
        Renversée comme un roseau brisé ;
L'heure était arrivée pour nous autres hommes de Wight de montrer
En nous précipitant au plus fort de la mêlée.
        Que nous étions vraiment des hommes.

Déjà Wydeville a son casque fendu ;
        Son armure est terriblement bosselée ;
Mais toujours nous l'entendons crier à haute voix :
« Courage, robustes fermiers de l'île ;
        Nous allons une fois de plus remporter la victoire ».

Aussitôt chacun de nous jette loin de lui son arc désormais inutile,
        Et sort du fourreau sa fidèle épée ;
Chacun frappe d'estoc et de taille aussi fort qu'il peut,
Et tout autour de lui dans la terrible mêlée
        Trace un cercle de sang.

Alors Lisle s'affaissa avec une blessure béante,
    Et Mewys tomba sur son cadavre ;
Alors Oglander et Roucley périrent,
Puis Popdham et Bremshet, l'un à côté de l'autre,
    Puis Hocket et Brutenell.

« Courage ! Courage ! mes insulaires »,
    Criait toujours le noble Wydeville.
Ah ! comme il se battit ! Enfin, grièvement blessé,
Notre capitaine tomba pour ne plus se relever ;
    Il expira entre mes bras.

De toute cette vaillante troupe venue de l'île de Wight,
    Qui refusa de tourner le dos à l'ennemi,
De ces quarante chevaliers ou écuyers
De ces quatre cents robustes fermiers,
    Un seul est revenu, et c'est moi !

Mais sans cesse à mes oreilles retentit
    Le cri de notre capitaine,
Et toujours je crois le voir, baigné dans son sang,
Sur le champ de bataille piétiné
    Tomber tout d'un coup pour mourir !

. . . . . . . . . . . . . . . . . . . . . . . .

Et maintenant malheur, malheur, femmes de Wight ;
    Unissons tous ensemble nos lamentations ;
Pleurez ces vaillants héros, vos maris et vos fils,
Qui moururent pour soutenir la cause de Wydeville,
    Dans la lointaine Bretagne !

Telle est l'admirable description de la bataille de Saint-Aubin-du-Cormier par laquelle M. Percy Stone termine son beau poème, description où les éclairs de la plus sublime poésie brillent à chaque strophe, et qu'il suffit de lire, même au travers d'une traduction, pour se sentir ému jusqu'au plus profond de l'âme. Nous n'essayerons donc point d'en faire ressortir ici les nombreuses beautés ; tout ce que nous dirions serait inférieur au sentiment que nous éprouvons chaque fois que nous relisons ces vers si inspirés.

# ST. ALBIN

## Monday, 28th July, 1488.

Who rides to-day on the king's highway
Lance in rest and pennon gay
    With many a squire and knight ?

He bears a name — a Wideville he —
Renowned in deeds of chivalry,
    Our Captain of the Wight.

He's ta'en the winding Castle path,
    He's crossed the circling moat,
And passed beneath the grim grey tower,
Symbol of strength and feudal power,
    Whereon his colours float.

He's summoned those who love his house
    To list to his appeal —
Island knights and yeomen tall,
Tried in harness one and all,
    Valiant hearts and leal.

He's doffed his helm, barehead bestrides
    His mighty battle steed.
More gallant knight 'twere hard to find,
    A leader born to lead.


## THE APPEAL.

Come, Wight men, to your Captain's call
    And rally in your might.
A woman's cause is mine to plead,
A cause for fame and knightly deed —
    Rouse, rouse ye men of Wight.

False Louis, scorning honour's claim,
    Is dead to chivalry.
His time is spent in prayer and jest
With those who do his vile behest,
    Mean men of low degree.


God succour those who cross his path
    His hate will strike full soon ;
Though king he be, no knight is he,
His constant pleasure is to be
    With barber and buffoon.


And he would seize the good Duke's heir,
    Sweet Anne of Brittany,
And waste the land with fire and sword
Till he should win the north seaboard,
    The crafty schemer he.


But, Wightmen, he shall never gain
    That land by might or wile,
And if ye list to what I say
Far distant still shall be the day
    When he will threat our isle.


Call ye to mind the glorious deeds
    Our sires in bygone days
Have wrought beyond this island shore
At Crecy, Poictiers, Agincourt,
    Our country's fame to raise.


Then gird your battle harness on,
    Ye stalwart sons of Wight,
Who'd follow fame across the sea
Take ship with me to Brittany
    And strike a blow for right.


Go don the " jack " and English cross,
    The red badge of St George,
And march beneath the bonny Rose,
The symbol of united foes
    Who friendly fetters forge.

Remember not the bygone pain —
      The ancient feud is dead.
The Roses twain have bloomed again,
Both York and Lancaster now reign —
      Come, follow white and red.

The Wideville pennon never turned
      From foe in mortal fight.
A Wideville's arm went never back
Mid clash of steel and battle wrack
Where swords and axes bite.

Look well upon my banner's hue
      That burgeons on the height,
There's gules for deeds of derring do —
Fair blazon of good omen too —
      Argent for honour bright.

Wilt march beneath those colours then
And help, my stalwart Island men,
      To set this matter right?
Your Captain hath his pleading made,
A woman calls to you for aid,

      YOUR ANSWER, MEN OF WIGHT?


## THE ANSWER.

" The Wideville's cause shall be our cause, "
      Quoth Lisle and bold Roucley.
" Whate'er betide with him we'll ride
And flout the false king in his pride
      And aid the fair ladye ".

Then up and spake stout yeoman Knight
      " To that we all agree,
And whether for good or whether for ill
We'll follow our Captain whither he will
      For sons of the Wight are we ".

" Well said, well said, my gallant hearts,
      My meed to one and all.
I thank thee, Roucley, Lisle, and Knight,
Full well knew I the men of Wight
      Would heed their Captain's call ".

## THE MARCH.

They've left the Town by the Eastern gate,
    They've swung across the bridge,
They've breasted the hill tǒ Staplers heath
With scarce a pause to gather breath
    And gained the further ridge.

Urry of Standen leads the van
    With Bremshet grim of ken,
Roucley and Hacket side by side
With Mewys, Lisle, and Popham ride
    All Island gentlemen.

Who rides so gaily carolling
    A lilting roundelay ?
Tis Diccon Cheke of Mottiston
Has girt his father's harness on
    To join in the array.

" A boon, a boon, good Captain mine.
    I fain would ride with thee
And strike a blow for the Lady Anne
And help chastise the caitiff man
    Across the channel sea ".

" A beardless boy is best at home
    Secure from war's alarms ",
Laughed Wideville, " still if thou wouldst see
The land of France, shalt ride with me
    And be my page at arms ".

They've left the Arreton monks at Terce.
    They've sunk the Kingston down,
They gathered the toll of the Nunwell men,
Bowmen and Billmen twenty and ten,
    And passed through Brading Town

## THE DEPARTURE.

Under the shade of St. Helens Tower
    Four stout carracks lie.
Their weather vanes with gilding dight
Glance in thé sun, and pennons bright
    From poop and masthead fly.

Under the lee of St. Helens Tower
   Four stout carracks lie—
Island wrought from stern to stem
Of Wootton spine — to carry them
   Across to Brittany.


They muster on the shipmen's quay,
   Bow and bill and lance,
A goodly company to view
With the English jacks and bows of yew
   They know — and dread — in France.


In fluttering folds from truck and sprit
   The Island pennons fly
Urry red — Popham white —
Oglander blue — a gallant sight
   Beneath the summer sky.


So take they ship by that sea-swept church,
   Where monks keep watch and prayer ;
The cordage creaks, the trumpet brays,
And ever anon a destrer neighs
   As he winds the brine-lade air.


The shipmen cast aloose the ropes
   And sheet the anchor home,
The sails swell out to the following breeze,
The hulls leap up to the crested seas
   With an answering wake of foam.


Fast widens the space from the craven poops
   To the lip of the stone-curbed Quay;
They are round the wedge of the Bembrige-ledge
And, catching the tide off the Culver's edge,
   Have steered for the open sea.


'Twas thus our Island men set forth
   To return, alas ! no more.
Knights and squires, thirty and ten,
Noble and gallant gentlemen.
   And yeomen twenty score.

## THE RETURN.

The August days have come and gone,
   The harvest's gathered in ;
No news has come of that Island band
Who sailed in hope from St Helens strand,
   The.Wideville's cause to win.

There stands a lad on St. Helens-green
   They've brought from over sea.
His face is wan, his eye is dim,
He only stares when they ask of him
   Who and whence is he.

At length the waited answer comes
   In accents low and weak.
·" Time agone when we sailed from here,
With trumpet blare and parting cheer,
   They called me Diccon–Cheke.

" And would ye know, ye wives of Wight
   Of son and sire bereft.
They lie all  stark neath St. Albin's wall,
By that fell dark wood where the night bird calls
   And — I alone am left."

## THE EXPEDITION.

We sailed from Wight on a favouring wind,
   And each man's heart beat high
As talked we o'er the deeds of yore
Our sires had wrought at Agincourt.
   While the Breton coast drew nigh.

We landed where the silver Rance
   Flows to St Malo's Bay.
   And camped at Andouille next morn,
Englishmen and Breton born,
   And mustered our array,

In France they dread the English might ;
   To make it dreaded more
They joined to our Island men —
To make them seem the strength of ten —
   Breton's eighty score

They clad these footmen English-wise
    With Jack and crimson cross,
And set them with us in the van,
Breton swart and Englishman,
    Which proved our rue and loss.

Chateaubrian the " rereward " led —
    'Twas there our weakness lay ;
    The " van " was marshalled by de Rieux,
Rank on rank in order true,
    The " battle " by D'Albret.

Three days had gone when tidings came
    The foe had sacked Fougiers,
And foot and horse were on their way
To where the town of Albin lay,
    To wait our onset there.

Right joyfully we struck our camp,
    And marched till in our view,
Hard by a darkling alder wood,
The French array in order stood —
    A host, while we were few.

First out there rode ten valiant knights
    To note our strength and form ;
Anon with shout and trumpet bray,
Their marshalled strength — a vast array —
    Swept on us like a storm.


## THE BATTLE.

The Wideville rode adown our ranks,
    His horse all flecked with foam,
Quoth he " St George shall be our cry,
And where ye see my banner fly,
    Men of the Wight, strike home ".

While cannon shot came thick and fast
    They charged upon our van.
We thrust them back as our cliffs of Wight
Thrust back the surge on a winter's night —
    'Twas thus the fight began.

Recoïling from our front they bore
　　Upon the battle 'ray,
They shocked — alas ! the Breton lance
Before the chivalry of France
　　Went down that fatal day.


They fell upon the battle then
　　Where D'Albret had the lead,
The Breton chivalry gave way
Before the knights of France that day —
　　It was a rout indeed.


Then, panic-struck, the rereward turned
　　And fled without a stroke.
And once again the battle flood
Swirled round the knoll on which we stood
　　And'gainst our lances broke.


" Stand firm, stand firm, ye Breton men,
　　And mind the badge ye wear —
That glorious cross, " our Captain cried,
" Shines ever on the conquering side,
　　Stand firm and never fear. "


But English badge can never make
　　The English blood and bone.
Like timid deer of sense bereft
They wavered, turned, and we were left
　　To face the French — alone.


And thus we found the Breton spear
　　Turn out a broken reed.
'Twas now our band of Wight men shewed,
As on the tide of battle flowed,
　　That they were men indeed.


The Wideville's helm is stricken off,
　　His harness dented sore.
But still we hear that clarion shout :
" Fight on, my Island yeomen stout,
　　We'll beat the French once more. "

Each tossed his useless bow away
    And drew his trusty blade,
Each hacked and hewed with all his might
And round him in that fatal fight
    A bloody circle made.


There Lisle went down with gaping wound
    And Mewys across him fe
There Oglander and Roucley died,
With Popham, Bremshet side by side,
    Hacket and Brutenell.


" Fight on, fight on, my Island men ",
    Still gallant Wideville cried.
Ah, how he fought ! Till stricken sore
Our Captain fell to rise no more —
    Within these arms he died.


Of all that sturdy Island band
    Who stern refused to flee,
Knights and squires thirty and ten,
Twenty score of stout yeomen,
    There is returned but me.


And ever in my ears there rings
    Our Captain's rallying cry,
And still I see with bloody wound
Upon that trampled battle-ground
    The stricken sink to die.

  .  .  .  .  .  .  .  .  .  .  .  .  .


Then waly, waly, wives of Wight
    And make your moan with me,
For those stout hearts, your kith and kin,
Who died the Wideville's cause to win
    In far-off Brittany.

Vannes. — Imp. LAFOLYE FRÈRES.

www.ingramcontent.com/pod-product-compliance
Ingram Content Group UK Ltd.
Pitfield, Milton Keynes, MK11 3LW, UK
UKHW020040080726
13614UKWH00004B/1870